AF313926

CATALOGUE

DE

LETTRES AUTOGRAPHES

ET DE LIVRES (*nouveau*)

Parmi lesquels on remarque des Ouvrages illustrés,
des Brochures sur la Révolution, et des grandes Éditions des Classiques
de P. Didot.

DONT LA VENTE AURA LIEU

RUE DES BONS-ENFANTS, 28, MAISON SILVESTRE

SALLE Nᵒ 1

Le Jeudi 5 Février 1857, & les 2 jours suivants

A 7 HEURES PRÉCISES DU SOIR

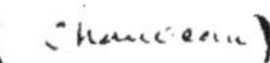

Par le ministère de Mᵉ **SOYER**, Commissaire-Priseur,
Rue du Dauphin, nᵒ 10;

Assisté de M. **CHARAVAY**.

PARIS

CHARAVAY, LIBRAIRE

EXPERT EN AUTOGRAPHES

RUE DE SEINE, Nᵒ 53.

1857

ORDRE DES VACATIONS.

Jeudi 5 février 1857.

Autographes de 1 à la fin.

Vendredi 6 février.

Livres de 1 à 138.

Samedi 7 février.

Livrés de 139 à la fin.

AVIS.

Il y aura, chaque jour de Vente, de une heure à trois, Exposition des Autographes et des Livres qui seront vendus le soir.

On aura huit jours pour la vérification des Autographes. LesAcquéreurs paieront 5 p. 100 en sus du prix d'adjudication.

Le Samedi 7 février, au commencement de la Vacation, il sera vendu environ 500 Volumes et Brochures, que le temps n'a pas permis de cataloguer.

M. CHARAVAY, chargé de la vente, remplira les commissions qu'on voudra bien lui confier.

CATALOGUE

DE

LETTRES AUTOGRAPHES

————◇◆◇————

1. ACADÉMIE FRANÇAISE. Six lettres aut. sig.
AIGNAN. An v. 2 p. 1/2 in-4. Jolie lettre prose et vers. — CUVIER
(G.). 1 p. in-4. — FRAYSSINOUS. 1 p. in-18. — JOUY. 3/4 de p. in-8.
— RAYNOUARD. 3/4 de p. in-4. — TRACY (Destutt de). 3/4 de p
in-8.

2. ADRY (J. Félicissime), bibliothécaire de l'Oratoire.
*Mémoires concernant M. Pascal et sa famille, par Madame Perier,
sa sœur, et Mademoiselle Perier sa nièce, différents de ceux qui ont
été imprimés à la tête de ses pensées.* Manuscrit aut. 1797, 14 p.
in-8.

3. ANGOULÊME (Louis-Antoine, duc d'), dauphin de France,
général en chef de l'armée d'Espagne.
L. aut. sig. Turin, 18 janvier 1791. 1 p. in-4. Jolie lettre.
... J'ai une grande impatience de me trouver auprès de vous pour combattre
avec vous pour la cause de l'honneur qui vous est si chère...
Au bas de cette lettre se trouvent ces mots, aut. sig. du duc de Berry : « ...
Je partage bien, monsieur, tous les sentiments de mon frère, et vous savez
combien je vous estime et vous aime. BERRY.

4. LE MÊME.
Etat aut. de tous les chevaux qu'il a possédés de 1789 à 1813, au
nombre de 164, avec les noms de chacun d'eux. 2 p. in-8 à 3 colonnes.

5. ARTISTES DRAMATIQUES. Six lettres aut. sig.
MARS (Mlle). 3/4 de p. in-8. — MONTESSU (Pauline). 1 p. in-8. —
PARADOL (Madame). 1 p. 1/2 in-8. — PERRIER (Madame Ida). 1 p.
in-8. — PROVOST. 1 p. pl. in-8. — TAGLIONI (Marie). 1 p. in-8.

6. AUBERT (l'abbé J. B.), fabuliste estimé.
L. aut. sig. Paris, 4 juin 1758. 2 p. in-4.
Très-jolie lettre dans laquelle il fait la demande d'une pension sur le *Mercure
de France.*

7. BALLANCHE (P. S.). de l'Acad. fr.
2 lettres aut. sig. et 1 l. aut. à M. Beuchot. Lyon, 1809 et 1810.
9 p. in-4.

8. BARTHÉLEMY (A.), poëte, auteur de *la Némésis*, etc.
L. aut. sig. à M. Amédée Gabourd, à Grenoble (24 avril 1830). 3
p. 1/2 in-4. Belle et curieuse épître.
Il lui donne des conseils sur ses Fragments épiques, puis il lui fait des observations sur la lettre qu'il lui a écrite et qui contient des appréciations déplacées
sur ses *Satires* : ... Si les Grenoblois sont assez ladres pour ne pas m'acheter je
m'en console sans peine ;... il faut que les finances de l'Isère soient bien épui-
sées, ou que ce peuple soit bien béotien, puisque cette immense population ne
peut pas absorber vingt-quatre exemplaires d'une pauvre petite brochure.....
Vient ensuite une sortie contre le libraire Prud'homme, puis un éloge de
Victor Hugo, et une appréciation malveillante des œuvres de Béranger.......
« L'homme le plus illustre en fait de chansons n'est guère à mes yeux au-dessus
de celui qui distile des vers pour les bonbons du jour de l'an. M. Béranger,
dont on parle tant, est, selon moi, le plus misérable poëte de l'époque ; ses chansons ne sont pas même bonnes pour faire égosiller des gens pleins de truffes et
de Champagne, il n'y a pas d'exemple de réputation escroquée comme la sienne...»

9. BAUDOT (Marc-Ant.), député de Saône-et-Loire à la Convention.

> L. aut. sig. aux éditeurs de la nouvelle Biographie des hommes vivants. Liége, 2 juillet 1820. 3 p. in-4.
>
> Belle lettre dans laquelle il relève les erreurs commises, par l'auteur de sa biographie, et indique les changements à faire.

10. BEAUVILLIER (Paul duc de), gouverneur du duc de Bourgogne, ministre, etc.

> L. aut. sig. à l'évêque d'Alet. 1699. 3 p. in-4.

11. BÉRANGER (P. J. de), poëte et chansonnier célèbre.

> L. aut. sig. à Arnault. Paris, 25 vendémiaire. 2 p. 1/2 in-4.
>
> Belle et intéressante lettre dans laquelle il lui fait part qu'il a recherché la protection de M. Lucien Bonaparte..... Il connut différents essais de ma faible muse, entre autres un poëme du *Déluge* et un du *Rétablissement du Culte*..... Il m'engagea à beaucoup travailler, et comme je n'ai personne pour diriger ma jeunesse, me promit des conseils que dès-lors ses voyages l'empêchèrent de me donner. A son retour à Paris, il y a six mois, je lui remis un poëme de la *Mort de Néron*, dont je lui devais le sujet, il me donna des marques de son contentement, m'engagea de nouveau à lui faire parvenir mes ouvrages, et par malheur s'éloigna encore..... J'ai besoin d'avoir un guide éclairé avant de me lancer dans la carrière des lettres, vous êtes intimement lié avec M. Lucien, j'ose vous prier de m'en servir, à cet effet je joins à la présente le petit poëme de *Néron*, et une ode que j'ai envoyée il y a quelques mois, à celui pour qui j'ai conçu la plus vive reconnaissance..... Il ajoute qu'il a dédaigné la voie de l'adulation pour réussir auprès de M. Lucien, et qu'il veut en agir de même avec lui..... De quoi me serviraient d'ailleurs les éloges que je pourrais donner à l'auteur de *Marius?* Lorsque la voix du public s'est fait entendre en pareil cas, celle des particuliers ne peut que paraître bien faible et même bien ennuyeuse...

12. LE MÊME.

> L. aut. sig. 3/4 de p. in-8.

13. BERGASSE (N.), avocat et publiciste.

> L. aut. sig. aux auteurs de la Biographie des contemporains. Paris, 1823, 1 p. 1/2 in-8.
>
> Belle lettre dans laquelle il défend énergiquement *Claude Lucet, homme de lettres, né à Pont-de-Vesle*, contre les attaques dirigées contre lui dans la Biographie.

14. BERRY (Charles-Ferdinand, duc de), fils de France, assassiné par Louvel en 1820.

> L. aut. sig. Hanau, 11 mars 1793. 1 p. in-4. Belle lettre.
>
> ... Je n'ai pu plus tôt répondre à la lettre que vous m'avez écrite sur la mort de notre infortuné monarque, vous me disiez qu'il ne fallait plus être un prince médiocre, non cela ne nous est plus permis et j'en sais trop la vérité pour ne pas tâcher à m'acquérir toutes les vertus qui font un grand prince.....

15. BERTEZÈNE, député du Gard à la Convention.

> Réfutation aut. sig. de l'article qui le concerne dans la Biographie des contemporains, portant principalement sur son vote dans le procès de Louis XVI. 1 p. pl. in-4.

16. BIBLIOGRAPHES. Huit lettres aut. sig.

> BARBIER. 1 p. in-8. — BEUCHOT, 1826. 2 p. in-4. — CAMUS. 1 p. in-8. — DEBURE, l'aîné, 1795. 1 p. in-4. — DES AULNAY, 1787. 1 p. 1/2 in-4. — GAUDIN (l'abbé). Lyon. 1779. 4 p. in-4. — TERSAN (l'abbé de). 1 p. in-12. — MORELLI (l'abbé). En Italien. Venise, 1808. 2 p. in-4.

17. BONAPARTE (Joseph), roi d'Espagne.

> L. aut. sig. au baron de Meneval. Pointe-Bruge, 16 décembre 1830. 1 p. in-4.

18. BONAPARTE (Jérôme), roi de Westphalie.

> L. aut. sig. Stutgart, 28 novembre 1835. 1 p. in-8.

19. BONAPARTE (Caroline), reine de Naples.

> L. aut. sig. au baron de Meneval. 4 janvier 1838. 1 p. pl. in-8. Jolie lettre.

20. BOULAY de la Meurthe (le comte), député et littérateur.

> Sa biographie aut. avec ratures et corrections. 12 p. pl. in-4.

21. BOURBOTTE (N.), député de la Meurthe à la Convention, décapité en 1794.   *31*

> Sa défense devant la commission militaire. Belle pièce aut. sig. avec ratures et corrections. 32 p. 1/2 in-f. Document important.

22. BRUCE (Jacques), célèbre voyageur aux sources du Nil.   *2·6*

> L. aut sig. en français. Edimbourg, 1790. 1 p. pl. in-4. Cachet.

23. BRUSLÉ et **MALLET**, commissaires nommés pour établir le culte de la Raison.   *18*

> Lettre à A. Dumont, écrite par Bruslé et signée des deux. Montagne-sur-Somme, 4 pluviose an II. 3 p. pl. in-f.
>
> Document extrèmement curieux comme échantillon de style démagogique.
> Ils accusent réception de l'arrêté pris par A. Dumont pour la conversion du ci-devant temple de l'imposture de Montagne-sur-Somme (Saint-Valery-sur-Somme), en halle au bleds.... Nous avions fait commencer le déménagement du ci-devant temple ; déjà le vieux saint Pierre, le gros saint Christophe, saint Georges le bien monté, le bien coiffé saint Roch, le bien accompagné saint Antoine, la bien amoureuse sainte Thérèse, le gros cœur du sieur Jésus, ci-devant Christ, les vierges et leurs enfants, etc., avaient été envoyés au bûcher, après avoir reçu maintes croquignoles, maintes orions qui les rendaient un peu méconnaissables, à l'égard des autres messieurs et dames peints sur toile, sur bois, sur papier ; moulés, sculptés, etc., ainsi que des os pourris, cariés, révérés sous lo nom de reliques, il en a été fait un vilain autodafé.... Les os que contenait l'une des chasses étaient enveloppés dans une chemise de femme et parmi ces os était une mâchoire d'âne dont le citoyen Baillet, chirurgien et juge de paix de cette ville, est porteur, pour la montrer à tout le monde comme un échantillon de la vénération que méritaient de pareilles reliques.... Ils annoncent ensuite que les bancs de l'église ont été portés dans le Temple de la Raison.

24. BUONAPARTE (Charles de), père de Napoléon Ier.   *100*

> L. aut. sig. *Charles de Buonaparte* à M. de Boucheporn, intendant de l'île de Corse. *S. d.* 1 p. in-4. Très-rare.

25. BUSSY RABUTIN (le comte Roger de), de l'Acad. fr., auteur de l'*Histoire amoureuse des Gaules*.   *15*

> L. aut. au père Bouhours. Bussy, 23 novembre. 1 p. 1/2 in-4. Il est question du père de La Chaise, de Mlle de Scudéry, etc.

26. LE MÊME.   *26*

> L. aut. au même. Chaseu, 29 octobre 1675. 4 p. in-8.
> Très-jolie lettre de félicitations sur *ses Remarques*.

27. LE MÊME.   *30*

> L. aut. sig. (au père La Chaise). Chaseu, 23 mars 1691. 1 p. pl. in-4.
> Envoi d'un discours qu'il le prie remettre au roi.

28. CAVAIGNAC (J. B.), député du Lot à la Convention.   *8*

> L. aut. sig. au ministre Carnot. Paris, 27 mai 1815. 1 p. in-4.
> Il le prie de vouloir bien le présenter à l'Empereur pour une préfecture, en marge de la main de Carnot : *Recommandé pour une préfecture de second ordre, il est question de l'ancien représentant.*

29. CHAROLAIS (Charles de Bourbon-Condé, comte de), connu par son caractère dur et cruel.   *9*

> L. aut. sig. au maréchal de Saxe. Paris, 25 août 1745. 1 p. 3/4 in-4. Cachet bien conservé.

30. CHATEAUBRIAND (le vicomte de), membre de l'Académie fr.   *8·1*

> L. aut. sig. Rome, 31 janvier 1829. 1 p. 3/4 in-8. Jolie lettre.
> ..... La Bretagne n'a rien à envier aux autres provinces de France, on a beau calomnier ses bruyères, la terre qui a porté Duguesclin, Clisson, Jacques Cartier, Du Guay-Trouin, La Motte-Piquet, Du Couëdic, Georges Cadoudal et Moreau n'est pas stérile....

31. LE MEME.   *2·1*

> 1° 2 lettres aut. sig. *de Ch.* à M. Beuchot. 1809. 2 p. 1/2 in-4.
> Demande de divers voyages en Grèce.
> 2° Not. aut. Demande de divers ouvrages sur Jérusalem. 3/4 de p. in-f.

32. **CHAULNES**. (Charles d'Albert, duc de), général, ambassadeur, gouverneur de Bretagne.
> L. aut. sig. au cardinal de Bouillon. 1678. 1 p. pl. in-4.

33. **COLLIN HARLEVILLE**, auteur dramatique.
> L. aut. sig. 29 janvier 1784. 3 p. pl. in-4.
> Jolie lettre relative à sa comédie l'*Inconstant*.

34. **LE MÊME**.
> L. aut. sig. à M. Alix , avocat. 11 avril 1784. 3 p. in-4. Cachet.
> Il prie M. Alix de retirer sa comédie l'*Inconstant*, attendu que le comité de lecture ne la pas jugé digne d'être représentée telle qu'il l'a composée.

35. **LE MÊME**.
> L. aut. sig. à M. Beuchot. 1809. 1 p. in-8.

36. **LE MÊME**.
> L'Inconstant, comédie en 5 actes, imprimée, avec corrections et additions Aut. Environ 15 lig.

37. **DANIEL** (Gabriel), jésuite et historien, né à Rouen.
> L. aut. sig. au R. P. Poisson, à Vendôme. Orléans , 15 janvier 1672, 2 p. 1/2 in-4. Cachet, belle lettre.

38. **LE MÊME**.
> L. aut. sig. G. D. R. J. 2 p. 1/2 in-4. Belle lettre.

39. **DANTON** (Georges), célèbre membre de la Convention, décapité en 1793.
> L. sig. au ministre de la guerre. Paris. 12 août 1792. 1/2 p. in-f.
> Le comité de surveillance lui ayant fait parvenir des pièces pour qu'il les transmette à la cour martiale qui doit juger les Suisses, il les lui envoie pour les adresser à la dite cour.

40. **DELBREL** (Pierre), député du Lot à la Convention.
> Notice sur Pierre Delbrel, ex-député, rédigée par lui-même. Manuscrit aut. sig. deux fois. 19 p. grand in-f. d'une écriture serrée. Belle et intéressante pièce.

41. **DENTZEL**, député du Bas-Rhin à la Convention.
> L. aut. sig. au président de la Convention. Maison d'arrêt des Ecossais, an III. 1 p. pl. in-4.
> Arrêté depuis neuf mois, et étant tombé malade, il demande à être transféré chez lui avec un garde.

42. **DESGENETTES** (R. N., baron Dufriche), célèbre médecin, né à Alençon.
> 1° Sa biographie aut. rédigée par lui-même, avec ratures et corrections. 5 p. 1/2 in-f.
> 2° L. aut. sig. 1802. 1 p. in-4.

43. **DESMAZURES** (l'abbé), prédicateur célèbre.
> 1° L. aut. sig. St-Omer, 21 octobre 1822, 4 p. pl. in-4. Belle lettre.
> Il fait à un ami l'historique de sa tournée, et lui cite les endroits dans lesquels il a prêché, à Boulogne, dans l'église de la Basse-Ville ; à Calais et à Saint-Omer.
> 2° Projet aut. du sermon qu'il a prononcé dans l'église de Calais. 4 p. in-4.

44. **DEVÉRITÉ**, député de la Somme à la Convention.
> 1° Réclamation pour un député patriote opprimé, et compte moral de sa conduite. Manuscrit aut. 10 p. in-f.
> 2° L. aut. contenant envoi de la pièce précédente avec développement. 3 p. pl. in-4.
> 3° L. aut. sig. à A. Dumont. 9 juillet 1793. 2 p. 1/2 in-4. Belle lettre ayant trait aux 2 pièces ci-dessus.

45. **DIVERS**. Quatre lettres.
> BOUILLON (le cardinal de). L. aut. à Madame de Coulanges. 1705. 1 p. pl. in-4. — GANGES (le marquis de). L. aut. sig. à l'évêque d'Alet. 1706. 3 p. in-4. — GESVRES (le duc de). L. aut. 1749. 1 p. in-4. — SIMIANE (Madame de). L. aut. sig. 1731. 2 p. 1/2 in-4. Déchirure enlevant 3 1/2 lig. Ce lot et les 8 suivants pourront être divisés.

46. DIVERS. Quatre lettres aut. sig.

> CAILLARD, ministre et bibliophile. Certificat. 1793. 1 p. pl. in-4. — HALLEY, poëte et professeur à Caën, à Sarrazin. Caën, 1647, 3 p. in-4. Belle lettre littéraire. — ROHAN-CHABOT (le duc de), à Gaston d'Orléans. 1652. 3 p. in-4. Cachet. Relative à l'entrée de Mademoiselle, à Orléans. — WESTEIN (J.-H.), célèbre libraire d'Amsterdam, à Ménage. 1692. 1 p. in 4.

47. DIVERS. Cinq lettres aut. sig.

> GODESCARD (l'abbé). 1788. 1/2 p. in-4. — HUMBOLDT (le baron de). 1 p. in-8. — JOHANNEAU (Eloi). Nouvelle épître d'un républicain octogénaire sur la perte de sa place, à un légitimiste. 22 juin 1848. 4 p. in-8. Aut. — MENNEVAL (le baron de). 1810. 1 p. 1/2 in-4. — MONTEIL (Alexis), à M. Lebrun, Passy, 1841, 7 p. in-8; toute relative à la poétique de l'histoire des divers états

48. DIVERS. Cinq lettres aut. sig.

> GAVAUDAN (Madame), à M. de Jouy. 1 p. in-8. — ST-SIMON, novateur. 3/4 de p. in-4 — SALM (la princesse de). Fragment aut. sig. de son Epître aux femmes. 3/4 de p. in-4. — VIEN (Céleste). *La Larme, la Goutte de Rosée et le Zéphir.* Pièces de vers aut. sig. 2 p. in-4. — TASTU (Amable). 1 p. in-8.

49. DIVERS. Six lettres aut. sig.

> ANSART (A.-J.), bénédictin. Paris, 1780. 2 p. in-4. — EMERIC (David). 1828. 3/4 de p. in-8. — FONTENAI (l'abbé). 1787. 2 p. in-4. — HEINEKEN (le baron de), auteur d'ouvrages estimés sur les estampes. Dresde, 1775. 1 p. 1/2 in-4. — LAENNEC, médecin, 1 p. in-8. — LESUEUR, musicien. Fragment de 2 p. aut. de musique, avec 10 lig. de texte.

50. DIVERS. Six lettres aut. sig.

> BARROT (Odilon), ministre. L. aut. sig. 1842. 1 p. in-8. — CHENEDOLLÉ (Ch. de) poëte. Liége, 1827. 2 p. 1/4 in-4. — MICHAUD, de l'Académie française, à M. Beuchot. 1 p. in-18. — PEIGNOT (G.), à M. Beuchot. Lettre et billet. Dijon, 1829. 2 p. 1/2 in-4. — SÉGUR (L.-P.), de l'Académie française, an XIV. 1 p. in-4.

51. DIVERS. Huit lettres aut. sig.

> CONSTANT (B.). 1 p. in-8. — DUPERRÉ (l'amiral). 1 p. in-8. — FRANÇAIS (de Nantes), député L. aut. 1 p. in-4. — MONTALIVET, fils, ministre. 1 p. in-4. — MURILLO (J, Bravo), ministre. 1 p. 1/2 in-8. — ROYER-COLLARD, ministre. 1/2 p. in-4. — ST-SIMON, novateur, 1 2 p. in-8, etc.

52. DIVERS. Neuf lettres aut. sig.

> DAUNOU. 1/2 p. in-8. — DELANDINE, député et bibliothécaire. 4 lettres, dont 3 aut. sig. — MALESHERBES, ministre. Pièce aut. 2 p. in-8. — RAOUL-ROCHETTE. 1 p. pl. in-8. — SCHOELL. 2 p. in-4. — SACY (Silvestre de), 1 p. pl. in-4. — WALKENAER. 2 p. in-8.

53. DIVERS. Dix pièces.

> CONDÉ (H. de Bourbon, prince de), père du grand. 3 p. sig. sur vél. 1628. — NAVAILLES (maréchal). L. sig. à Ménage. 1675, 1 p. in-4. — BEAUVILLIER (le duc de). 2 l. sig. 1696. — DIANE de France, fille naturelle de Henri II. Quitt. sig. avec une ligne aut. 1 p. in-f. — CHARLES IX, roi de France. 3 états de dépenses faites pendant son séjour à Moulins. Février, 1566. Ces états, sur vélin, sont signés par l'intendant de Foissy.

54. DUBOIS DUBAIS, député du Calvados à la Convention, sénateur, etc.

> Sa vie politique et abrégée, justifiée par les titres les plus irrécusables, en réponse aux biographies passées et présentes, et pour éclairer celles à venir. Manuscrit aut. 6 p. pl. in-4.

55. DUCIS (J. F.), poëte tragique, de l'Acad. fr.

> L. aut. sig. à Campenon. Versailles, 26 janvier, 1814. 3 p. in-4.

56. DUPIN (A. M. J.), célèbre avocat, ministre, etc.

> L. aut. sig. au prince de Talleyrand, à Londres. 1 p. in-8, avec la réponse aut. du prince. 1 p. in-12.

57. FLEURY (A. H., cardinal de), précepteur de Louis XV, de l'Acad. fr.

Tableau de l'Histoire ancienne. Manuscrit aut. de 80 p. pet. in-8. pl. rel. maroq. roug. tr. dor. aux armes du Dauphin.

58. FOUQUET (Nicolas), surintendant des finances.

1° Jolie l. aut. à Mlle .... 1661. 2 p. in-12.
2° Reconnaissance aut. sig. 1661. 1/2 p. in-4.

59. FOUQUIER-TINVILLE (A. Q.), accusateur public au tribunal révolutionnaire, décapité en l'an III.

L. aut. sig. FOUQUIER DE TINVILLE à son frère. Paris, le 8 octobre 1777. 1 p. in-4. Cachet.

60. GALLONDE (Ph. Ch.), habile calligraphe, né à la Fère.

Prière aut. sig. sur vél., présentée à Madame Louise, avec dessins à la plume. 1765. Jolie petite pièce.

61. GÉNÉRAUX. Dix lettres aut. sig.

BERTRAND (maréchal). 1 p. in-4. — DUVIVIER. 1841. 1 p. in-4. — HAXO. 1 p. in-8. — HUGO. 1 p. in-4. — ROBIN. 2 p. 1/2 in-f., etc.

62. GRESSET (J. B.), poëte, de l'Acad. fr.

Projet de l. aut. au roi de Prusse, sur un petit carré de papier. 10 lig.

..... Les lumières, les conseils dont V. M. a bien voulu m'honorer dans sa lettre sur ma comédie du *Méchant*, m'ont guidé dans le choix et dans l'exécution de ce nouvel ouvrage, je l'ai entièrement consacré à faire rire, si on sait rire encore.....

63. LE MÊME.

Huit vers aut. avec ratures et corrections.

64. GRIGNAN (Mme de), fille de Mme de Sévigné.

Brouillon de comptes aut., 1693, 4 p. in-4.

65. GUFFROY (A. B. J.), journaliste et député du Pas-de-Calais à la Convention.

L. aut. sig. à A. Dumont, 3 octobre 1793, 1 p. in-4. Tête impr.

... Voici une pièce de gibier pour ton patriotisme, peut-être est-elle inglobée dans ton large filet, si elle ne l'est pas, capture, Guerre à mort aux scélérats...

66. HENRI III, roi de France.

1° L. sig. au maréchal de Matignon, 18 octobre 1581, 2 p. 1/2 in-fol., contre-sig. de Neufville, avec 16 lig. aut. de ce dernier.
Lettre relative aux différents négociés et à régler avec le roi de Navarre.
2° L. sig. au maréchal Matignon, Blois, 1577, 1/2 p. in-fol.

67. HUET (Daniel), évêque d'Avranches, de l'Acad. fr.

L. aut. sig. à Aunay, le 28 septembre 1684, 1 p. 3/4. in-8.

68. ISORÉ (Jacques), député de l'Oise à la Convention.

L. aut. sig. à A. Dumont, Arras, 5 frimaire an II, 1 p. 1/2 in-4.

Il le prie de prendre en considération ce que fera le citoyen Matherel, maire de Cassel... C'est celui qui met à la raison les environs d'Hazebrouk *et qui a déjà fait marcher la guillotine sur plusieurs contre-révolutionnaires...* Je suis comme toi vis-à-vis des anti-révolutionnaires : je ne veux pas qu'il en échappe un... Bientôt Douai vaudra les villes d'Arras et de Lille, quand quelques-uns de ceux qui désiraient Cobourg auront joué à main chaude, les inconnus rentreront dans leurs terriers jusqu'à ce que leur tour arrive, et la ville marchera au pas comme l'a promis le sans-culotisme....

69. LE MÊME.

Notes aut. pour sa Biographie, 4 p. pl. in-fol. avec notes en marge.

Document curieux en le rapprochant de la lettre qui précède.

70. JOSÉPHINE BEAUHARNAIS, impératrice des Français.

L. aut. sig. au baron de Meneval, Plombières, 28 juin, 3/4 de p. in-4. Papier à entourages gaufrés.

71. **JULIEN**, dit de Toulouse, député de la Haute-Garonne à la Convention.
L. aut. sig. à M. Lenormant, Embrun, 13 décembre 1821, 7 p. in-4. Cachet.
Très-curieuse lettre dans laquelle il réfute les biographies faites sur lui, et donne de précieux renseignements sur sa vie privée et politique, ainsi que sur celle de son fils.

72. **KRUDNER** (la baronne de), célèbre par ses aventures romanesques et ses prophéties.
L. aut. sig. Leipzig, 4 mars 1793, 4 p. in-4. Jolie lettre.

73. **LACOSTE** (Élie), député de la Dordogne à la Convention.
L. aut. sig. à A. Dumont, 20 prairial an III, 3 p. 1/2 in-8.
Compris dans le décret d'accusation avec les autres membres des Comités de salut public et de sûreté générale, et ayant été obligé de fuir, il implore la protection de son Collègue pour faire rompre les liens de sa captivité.

74. **LEBAS** (Ph.), député du Pas-de-Calais à la Convention, décapité avec Robespierre.
L. aut. sig. aussi signée par *Lavicomterie*, Paris, 16 septembre 1793, 1 p. pl. in-4.
Envoi d'une lettre de laquelle il résulte la nécessité de destituer et d'envoyer au tribunal révolutionnaire Duperroir, ci-devant garde du roi, maintenant capitaine au 26e régiment de cavalerie en garnison à Amiens.

75. **LEBON** (Joseph), député du Pas-de-Calais à la Convention, décapité en l'an IV.
L. aut. sig. à André Dumont, Arras, 22 germinal an II, 1 p. pl. in-4.
Il engage son Collègue à ne pas se laisser séduire par certaines personnes compromises... Comme je connais ta fermeté, ces forfanteries ne m'ont point causé d'alarmes pour la chose publique... J'ai reçu les pièces relatives à Merlin, Evrard, etc.; te réserves-tu de les mettre en jugement, ou veux-tu que je les livre moi-même au Tribunal?....

76. **LELONG** (Jacques), historien, auteur de la *Bibliothèque historique de la France*.
L. aut. sig. 7 septembre 1720, 3 p. pl. in-4.
Très-jolie lettre remplie de détails bibliographiques.
FÉVRET DE FONTENETTE, continuateur du père Lelong.
L. aut. sig. Dijon, 1762, 4 p. in-fol.

77. **LEMIERRE** (Ant.-Marin), poëte, de l'Acad. fr.
L. aut. sig. *Lemierre l'un des 40 de l'Académie française.* Paris, 1786, 3 p. pl. in-4.

77 bis. **LETELLIER** (Michel), chancelier de France.
5 Lettres sig. au Mal de Turenne, avril 1652, relatives aux préparatifs du combat du faubourg St-Antoine.

77 ter. **LIONNE** (Hugues de), ministre d'État, né à Grenoble,
L. aut. sig. au Mal de Turenne, Paris 3 juillet 1650, 4 p. pl. in-fo
Belle lettre.

78. **LITTÉRATEURS.** Six lettres aut. sig.
BEFFARA, 1 p. 1/2 in-4. — BERRIAT SAINT-PRIX, 1 p. 1/2 in-8. — DESRENAUDES, 1 p. in-4. — DUGAS-MONTBEL, 2 p. in-8. — MARCHANGY, 2 p. in-8. — PIXÉRÉCOURT, 1 p. 1/2 in-8.

79. **LITTÉRATEURS.** Huit lettres aut. sig.
DUMAS (Alex.), 1 p. in-8. — ESCHERNY (D'), 1 p. 1/2 in-8. — FALBAIRE (Fenouillot de), 1 p. 1/2 in-8. — GROSIER (L'abbé), 1 p. in-4. — JOLY, poëte dijonnais, 1758, 2 p. in-4. — MOREL (Hyacinthe), poëte, 1/2 p. in-4. — RIGOLEY DE JUVIGNY, 1750, 2 p. in-4. — SOLIGNAC (Le chevalier de), 1750, 2 p. in-4.

80. **MAINE** (Louise-Bénédicte de Bourbon, duchesse du).
L. sig. à l'évêque de Soissons. Sceaux, 1718. 3/4 de p. in-4.

81. **MANSART** (Jules-Hardouin), célèbre architecte.
Devis aut. des ouvrages de menuiseries à faire au château de *Clagny.* 1 p. 1/2 in-fol., avec dessin et approbation aut. sig. de Colbert, Sceaux, 14 juin 1676.

82. MARIE-LOUISE, impératrice des Français.

L. aut. sig., au baron de Meneval, Parme, 10 février 1829, 3/4 de p. in-8. Enveloppe et cachet. Jolie lettre.

83. MERCIER SAINT-LÉGER (l'abbé). Bibliographe.

Manuscrits aut sur des Cartulaires, des anciennes éditions, etc., 53 p. in-8 et in-18.

84. MINISTRES et DÉPUTÉS. Sept lettres.

GUERNON-RANVILLE, l. aut. sig.,1820, 1 p. in-4.—MALESHERBES, projet de lettre aut. 1 p. 1/2 in-4. — PRADEL, projet aut. avec ratures et corrections, d'une loi portant que les 26,793,873 fr. formant le total des dettes contractées par le roi et les princes en pays étrangers, seront inscrits sur le grand-livre. — SAVARY, duc de Rovigo, fragment aut. de ses Mémoires, 4 p. in-fol. — LETOURNEUR, l. aut. sig à Scherer, an III, 1. p. 1/4 in-4. — RITTER, conventionnel, ampliation aut. sig., 1 p. 1/2 in-fol., et TALLIEN, arrêté signé, 1 p. in-4.

85. MONTESPAN (Françoise de Rochechouart, marquise de), maîtresse de Louis XIV.

L. sig. à sa sœur, à Fontevrauld, 8 mars 1701, 4 p. pl. in-4. Belle lettre.

Relative à des établissements de charité qu'elle fonde dans ses terres, aux environs de Fontevrauld.

86. MONTPENSIER (Anne-Marie-Louise d'Orléans, duchesse de), auteur de *Mémoires*.

L. aut. sig. à son père, Saint-Fargeau, ce 4 janvier, 1 p. in-4. Cachet. Belle lettre.

87. MONTPENSIER (Ant. d'Orléans, duc de), frère de Louis-Philippe.

Billet aut. sig. *Ant. Égalité*, au citoyen Famin, 1793, 1/2 p. in-12. Cachet. *Rare.*

88. NAPOLÉON Ier, empereur des Français.

L. sig. *Napo.*, à Marie Louise, de mon camp impérial de Colditz, ce 6 mai 1813, 3/4 de p. in-8.

Il la prie de donner ordre aux Ministres de la guerre et de la marine de faire annoncer la bataille de Lutzen par cent coups de canon.

89. NEWTON (Isaac), le plus grand physicien moderne.

Sa signature sur une pièce imprimée, 1718, 2 p. in-4. *Rare.*

90. NORMANDIE (le duc de), qui prétendait être Louis XVII.

L. aut. sig. à J. Laffitte, Paris, 28 juillet 1830, 3/4 de p. in-8.

... Je suis dans la Capitale depuis quelques jours, et Charles a abandonné le peuple à la merci des assassins ministériels, il va mendier l'appui de nos ennemis... Je présume assez de votre patriotisme pour croire que vous vous joindrez aux Français généreux qui, en reconnaissant mes droits, assureront pour jamais le triomphe des libertés publiques....

91. PACHE (Nicolas), maire de Paris et ministre.

L. aut. sig. au ministre, Paris, 21 mai 1793, 3/4 de p. in-4. Cachet.

Relative aux hommes mis en liberté les 2 et 3 septembre par le peuple, et qui depuis ce temps ont été réintégrés dans les prisons.

92. PAPINEAU (J. J.), chef de l'insurrection au Canada.

L. aut. sig. au docteur Roston, Paris, 1740, 1 p. pl. in-4. Cachet.

93. PEINTRES. Trois lettres aut. sig.

DUCORNET, né sans bras, 1846, 1 p. pl. in-8. — GUÉRIN (P.), 3/4 de p. in-8, et VIEN, Rome, 1777, 3 p. pl. in-4.

94. PEINTRES. Six lettres aut. sig.

BELLANGÉ (H.), 1/2 p. in-8.—BLONDEL, 1 p. in-8.—DELACROIX (E.), 1 p. in-8. — HERSENT, 1 p. in-8. — LESCOT (Mlle), 1 p. in-8.—MIRBEL (Mme), 3/4 de p. in-8.

95. PEYSSARD (C.), député de la Dordogne à la Convention, condamné à la déportation comme ayant pris part aux troubles de prairial an III.

L. aut. sig. à A. Dumont, Paris, 11 frimaire an II, 1 p. in-4. *Rare.*

Relative à Merlin et Evrard, qui ont abusé des pouvoirs qui leur avaient été confiés.

96. **PHILIDOR** (F. A. Danican, dit), musicien compositeur.
L. aut. sig. Londres, 11 mai, 2 p. in-4. Jolie lettre.

97. **PIAZZI** (Joseph), célèbre astronome italien ; c'est lui qui a découvert la planète *Cérès* le 1er janvier 1801.
L. aut. sig. en italien, Palerme, 1817, 1 p. in-4.

98. **PICARD** (J.), célèbre astronome.
L. aut. sig. en latin, Hænnix, 1671, 1 p. in 4.
Relative à des observations touchant Saturne.

99. **PICART** (Bernard), dessinateur et graveur célèbre.
Billet de 8 lig. aut. sig. (à Prosper Marchand), Amsterdam, 1er octobre 1732, 1 p. in-8. Le revers de ce billet est couvert de notes aut. de P. Marchand.

100. **PIORRY** (P. F.), député de la Vienne à la Convention.
Pièce aut. sig. Liège, 1er avril 1822, 5 p. pl. in-4.
C'est sa biographie rédigée par lui-même.

101. **PROUDHON** (P. J.), représentant du peuple et écrivain socialiste.
Curieuse pièce aut. sig., 22 février 1848, 3/4 de p. in-8.
... L'Assemblée nationale vient, sans s'en douter, de commencer contre la bourgeoisie la révolution démocratique et sociale. Sous le nom d'incompatibilités, elle a exclu de la représentation nationale ceux qui, jusqu'à ce jour, ont été les chefs de la Société, l'élite des propriétaires. ...

102. **QUESNEL** (Pasquier), théologien célèbre.
Réponses à toutes les questions posées pour entrer dans l'ordre de l'Oratoire, Paris, 16 janvier 1673, manuscrit aut. sig., 2 p. in-fol. à mi-marge, en regard des questions imprimées.
Pièce fort intéressante pour la biographie de ce célèbre janséniste.

103. **ROCHECHOUART** (Marie-Madeleine de), abbesse de Fontevrauld, sœur de madame de Montespan.
L. aut. sig. au R. P. Rapin, Fontevrauld, 1er février 1689, 3 p. in-4.
Cachet. Jolie lettre. *Rare.*

104. **ROLAND** (J. M.), ministre.
L. sig. au procureur syndic du département de la Loire-Inférieure, Paris, 18 mai 1792, 1/2 p. in-fol.
Il a reçu la lettre qu'il lui a écrite le 8 mai au sujet de la nouvelle machine destinée à l'exécution des jugements criminels dont il est nécessaire que le tribunal du département de la Loire-Inférieure soit pourvu. Cet objet regardant l'administration de M. Clavière, il lui a fait passer la lettre.

105. **ROLAND** (Jeanne Phlipon, femme), épouse du précédent.
Fables orientales de Saadi, manuscrit aut. 4 p. pl. in-4.

106. **SANLECQUE** (Louis de), poëte, chanoine de Sainte-Geneviève.
Satyre sur la direction. pièce aut. 11 p. in-4. On a collé au bas de la dernière page une signature aut. découpée du P. Sanlecque.

107. **SANSON** (Ch. H.), bourreau de Paris pendant le règne de la Terreur.
L. aut. sig. à Maton de La Varenne, Paris, 5 février 1790. 1 p. in-4. *Rare.*
Il envoie des numeros (du journal de Gorsas) qui le traite encore plus mal, et prie Maton de la Varenne de ne pas laisser échapper aux magistrats la manière dont Gorsas s'y prenait pour empêcher l'affiche du jugement qui l'a condamné.

108. **SANTERRE** (Claude), général commandant la garde nationale de Paris en 1793.
L. aut. sig. à la commune de Paris, à Doué, le 15 septembre 1793, 1 p. in-fol. Tète impr.
Comme général commandant l'avant-garde, il annonce qu'ils partent de Doué pour aller combattre les brigands à Brissac et au Pont de Cé.

109. **SARRAZIN**, général et écrivain militaire, condamné aux travaux forcés en 1819 pour crime de bigamie.
L. aut. sig. à M. Bellart, à Bicêtre, 25 avril 1822, 1 p. pl. in-4.
Étant très-souffrant, il demande à être transféré dans une maison de santé.

110. SAVANTS. Huit lettres aut. sig.

> BIOT, 1 p. in-8. — BOSC, 1/2 p. in-4. — BOSSUT, 1/4 de p. in-4. — DELAMBRE, 1 p. in-fol. — DECANDOLLE, 1/2 p. in-4. — DUHAMEL DUMONCEAU, billet de 4 lignes. — LEMONNIER, 1 p. in-fol. — THÉNARD, 2 p. in-8.

111. SAVOIE (la duchesse de), fille d'Henriette d'Angleterre.

> L. aut. à la duchesse de Ventadour, Anneci, 31 août, 2 p. 1/2 in-4. Cachet. Jolie lettre.

112. SENEFELDER (Aloys), inventeur de la lithographie.

> L. aut. sig. Paris, 1824, 1 p. pl. in-4.

113. SERTE (le chevalier de), premier gentilhomme du cardinal de Bouillon, doyen du sacré collége.

> 40 lettres presque toutes aut. sig. au cardinal de Bouillon, 1693-1716, et la plupart relatives à la cour de Rome et à l'élection de Clément XI, en 1700.

114. TALOT (Michel-Louis), député de Maine-et-Loire à la Convention.

> 1° Sa biographie par lui-même, manuscrit aut., 24 p. in-fol.
> 2° L. aut. sig. au ministre, an IV, 1 p. 1/4 in-4.

115. VARLET, député du Pas-de-Calais à la Convention.

> L. aut. sig. aux membres du Comité de sûreté génerale. Paris, *de la maison des Écossais*, le 29 fructidor an II, 1 p. pl. in-4. *Rare.*
> Il demande la levée des scellés sur ses papiers.

116. VINCENT DE PAUL. Sa signature anthentique découpée et collée sur un morceau de son surplis.

117. VISCONTI (E. Q.), savant antiquaire.

> L. aut. sig. Paris, 30 nivôse an OI, 4 p. 1/2 in-4.
> Il donne son opinion sur la collection du sculpteur Castex.

118. VOLTAIRE (F. M. Arouet de).

> L. aut. sig. *V.* à Tiriot, le 18 janvier 1739, 4 p. pl. in-4. Superbe lettre avec 3 lignes inédites.
> Plaintes très-amères contre l'abbé Desfontaines et ses pamphlets, tableau très-détaillé de son atroce conduite; reproches à Tiriot de ne pas répondre à ses lettres; mesdames Duchastellet et de Chambonin très-mécontentes à son endroit... J'ai fait assez de bien à des ingrats, j'ai fait d'assez bons ouvrages, je les retouche avec assez d'assiduité pour ne rien craindre de la postérité... J'ai assez d'amis et de fortune pour vivre henreux dans le temps présent. J'ai assez d'orgueil pour mépriser d'un mépris souverain les discours de ceux qui ne me connaissent pas....

119. WESTERMANN (F. J.), célèbre général républicain, décapité en 1794.

> L. aut. sig. au ministre, Paris, 28 mai 1793, 1 p. in-fol. *Rare.*

LIVRES

1. La Sainte Bible française selon la vulgate latine, par Pierre
   Frizon, chanoine de Reims. *Paris, Jean Richer*, 1621,
   1re édition, illustrée et ornée d'un grand nombre de figures en taille-douce, par Michel Lasne; 3 vol. in-fol.,
   rel. v. racine.

2. Histoire du Vieux et du Nouveau Testament, par David
   Martin; enrichie de plus de 400 figures. *Anvers, P. Mortier*, 1700, 2 vol. in-fol. pl. rel. maroq. vert, filets, tr.
   dor,

3. Histoire (L') sainte du Nouveau Testament, divisée en 2 to-
   mes et en 4 parties, par le P. Nicolas Talon. *Paris, Cra-
   moisy*, 1669, 1 vol. in-fol., frontispice gravé, rel. v.,
   fleurdelisés.

   Exemplaire donné en prix à *Turgot* (depuis ministre), le
   26 avril 1715.

4. Histoire de l'Ancien et du Nouveau Testament, par l'abbé
   de Genoude, bibliographie catholique. *Paris, Plon*, 1837,
   2 vol. gr. in-8, fig., br.

5. Imitation de Jésus-Christ, traduction nouvelle par Genoude.
   Paris, Didot, 1824, 1 vol. in-4, pap. vélin, br.

6. Explication du Cantique des Cantiques. *Paris*, 1639, 1 vol.
   in-12, d.-rel. mar. Signature et notes de Jamet.

7. Nouvel office pour les chevaliers de l'ordre du Saint-Esprit.
   Imp. roy., 1760, 1 vol in-12, rel. v., tr. dor. Aux armes
   de l'ordre.

8. Anatomie de la messe, par Pierre du Moulin, ministre de
   l'église de Sedan. *Genève*, 1638, 1 vol. in-8, rel. v., filets,
   titre doublé. En bon état. *Rare*.

9. Sanct. Isidori, pelutiotae, presbyteri, épistolarum. *Franco-
   fordiæ*, 1629, 1 vol. in-fol., titre gravé, rel. vélin.

10. Censure par la sacrée Faculté de théologie de Paris, de la
    doctrine d'assassiner les rois. 1612. — Le Tocsin au roi,

à la reine régente, contre le livre de la puissance tempo-
relle du pape. 1610. — Prosopopée de l'Université de Paris. 1610. — Le Bouquet de fleur d'espine. 1611. — Le
Pater noster des catholiques. 1611. — Le Pater noster
des jésuites. 1611. — Le Tribun françois. 1611. — Anti-
jésuite. 1611, etc. — 22 pièces toutes dirigées contre les
jésuites, 1 vol. in-8, rel. v. Curieux et rare recueil.

11. Les Enluminures du fameux Almanach des Jésuites, *s. d.*,
1 vol. in-8, rel. vélin, avec un dessin en couleur représentant la Déroute des jansénistes.

12. L'art de se taire, principalement en matière de religion,
par l'abbé Dinouart. *Paris,* 1 vol. in-12, v. Exemplaire
avec 2 notes aut. et curieuses de l'auteur.

13. Discours du massacre de ceux de la religion réformée, fait
à Lyon par les catholiques romains, le 28 août 1572, *s. l.*,
1574, 1 vol. in-18, rel. v. Titre légèrement raccommodé.
Édition originale.

14. Corpus juris civilis Academicum parisiense. Opera et cura
C. M. Galisset. *Lutetiæ Parisiorum,* 1836, 1 gros vol.
in-4, rel. bas.

15. Le Droit des gens, par de Vattel, édition donnée par M. le
comte d'Hauterive. *Paris,* 1839, 2 vol. in-8, br.

16. Droit civil français, par M. Toullier. *Paris,* 1830, 15 vol.
in-8, br,

17. Le Droit civil, expliqué par M. Troplong. *Paris, Hingray,*
1835-40, 11 vol. in-8, br.

18. Le Droit français dans ses rapports avec la juridiction des
juges de paix, par Carré. *Paris,* 1839, 4 vol. — Commen-
taires des lois des 26 mai et 11 avril 1838, relatives aux
justices de paix, par Foucher. *Paris,* 1839, 1 vol. — Code
spécial des justices de paix, par Baudouin. *Paris,* 1841.
— Supplément à la 1re édition du Traité de la compétence
des juges de paix, par Curasson. 1841, 1 vol. — En tout
7 vol. in-8, br.

19. Traité des actions ou de l'organisation judiciaire chez les
Romains, par Bonjean. *Paris,* 1845, 2 vol. in-8, br.

20. Documents relatifs au régime hypothécaire, publiés par
Martin du Nord. *Paris. I. R.,* 1844. 3 vol. in-8, br.

21. Jurisprudence générale du royaume, par M. Dalloz et Armand Dalloz jeune. *Paris*, 1841-44, 4 vol. in-4, d.-rel. veau. 1845, 1851, 1852, 1853, 1854, 1855, et les six premiers cahiers de 1856.

22. Dictionnaire général et raisonné de législation, de doctrine et de jurisprudence, par Armand Dalloz. *Paris*, 1835-42, 5 vol. in-4, d.-rel.

23. Recueil général des lois, décrets et arrêts, de 1830 à 1855, 26 vol. in-8, br. Manque l'année 1839.

24. Philosophie du droit, par Lerminier. *Paris*, 1831, 2 vol. in-8, br.

25. Jésus devant Caïphe et Pilate, par Dupin. *Paris*, 1828, 1 vol. in-18 br. — Pasquier, par Ant. Loisel, avec notes de Dupin. *Paris*, 1844, 1 vol. in-18 br.

26. Les Apophtegmes des anciens, trad. de Perrot d'Ablancourt. *Paris*, 1664, 1 vol. in-12, rel. v. fauve, filets. Léger raccommodage dans le haut du titre.

27. Les Caractères de Théophraste, trad. par Labruyère. *Paris*, 1696, 1 vol. in-12 rel., avec quelques notes aut. de Papillon.

28. Étienne de la Boëtie. Étude sur sa vie et ses ouvrages, par L. Feugère *Paris*, 1845. — De la Servitude volontaire, par la Boëtie, avec une préface de Lamennais. 1835, 2 petits vol. in-8 br.

29. Les Entretiens d'Ariste et d'Eugène, par le Père Bouhours. *Amsterdam*, 1671 (*Elzevier*), 1 vol. in-12, vélin blanc.

30. Philosophie du Bonheur, par Delisle de Sales. *Paris, Moutardier*, an VIII, 2 vol. in-8, portr. et fig., pap. vél. br.

31. Recueil des traités de commerce et de navigation de la France, publié par le comte d'Hauterive et de Cussy. *Paris*, 1844, 10 vol. in-8 br.

32. Notions élémentaires d'économie politique, par le comte d'Hauterive. *Paris*, 1825, 1 vol in-8 br.

33. Cours complet d'économie politique, par J.-B. Say. *Paris, Guillaumin*, 1840, 2 vol. gr. in-8 br.

34. Cours d'économie politique, par M. P. Rossi. *Paris*, 1840, 2 vol. in-8 br.

35, Histoire de l'Économie politique en Europe, par A. Blanqui aîné. *Paris*, 1842, 2 vol. in-8 br.

36. Considérations sur la durée de la vie humaine et les moyens de la prolonger. *Toulouse*, 1845, 1 vol. in-4 br.

37. Essai historique sur le commerce et la navigation de la mer Noire. *Paris*, 1805, 1 vol. in-8 cart., avec carte.

38. Histoire raisonnée du commerce de Marseille, par Fouque. *Paris*, 1843, 2 vol. in-8 br.

39. Dictionnaire ou Manuel lexique du diplomate et du consul, par le baron de Cussy. *Leipzig*, 1846, 1 vol. in-12 br.

40. Glossaire de la langue romane, par J.-B. Roquefort. *Paris*, 1808, 2 vol. in-8, rel. v.

41. Nouveau Dictionnaire des origines, par Noël et Carpentier. *Paris*, 1827, 2 vol. in-8, bas., filets.

42. Iconographie grecque et romaine, par Visconti. *Paris*, 1817, 7 vol. gr. in-fol., pap. vél., cart. Bradel, non rog. Bel exemplaire.

43. Éléments de paléographie, par Natalis de Wailly. *Paris*, *imp. roy*, 1838, 2 vol. in-fol., br.

44. Iconographie des contemporains ou portraits des personnages célèbres, avec les *fac-simile* depuis 1789 jusqu'en 1820, publiée par Delpech. *Paris*, 1832, 200 portr. — Iconographie française, avec *fac-simile*, publié par Mme Delpech. *Paris*, 1840, 100 portr. la moitié de l'ouvrage, le tout en 3 vol. in-fol., rel. maroq. rouge à neufs.

45. Pasilogie ou de la Musique considérée comme langue universelle, par A.-P.-J. Devismes. *Paris*, 1806, 1 vol. in-8, br. *Rare*.

46. Copie certifiée conforme, et signée Léger, du procès-verbal des tableaux enlevés de la ville d'Anvers, en l'an II, 8 pages 1/2 in-fol.

    Ce procès-verbal curieux constate entre autres choses l'enlèvement de 30 tableaux peints par Rubens, et 8 peints par Van-Dyck.

47. Jeux de cartes tarots, et de cartes numérales, du XIV au XVIIIe siècles, 120 figures coloriées et noires, dans un carton. Ouvrage publié à 100 exemplaires par la société des bibliophiles français.

48. Publius Virgilius Maro, opera. *Paris, P. Didot*, 1798, 1 vol. gr. in-fol., pap. vél., fig. avant la lettre, d'après Gérard et Girodet, cart. Bradel, non rog.

49. Quintus Horatius Flaccus, 1 vol. gr. in-fol. *Paris, Didot,*
1799, pap. vél., cart. n. rog.

50. Les Métamorphoses d'Ovide, traduction nouvelle, par
M. G.-T. Villenave, avec le texte latin, ornées de gravures d'après les dessins de Moreau, Lebarbier et Monsiau.
Paris, Gay, 1806, 4 vol. in-4. pap. vélin, figures, avant
la lettre et eaux-fortes, cart. Bradel, non rog. Bel exemplaire.

51. Ægidii menagii, poemata. *Parisiis,* 1668, 1 vol. in-8, gr.
pap., rel. v., filets, tr. dor., avec envoi aut. de l'auteur.

52. Œuvres de Villon, édition de Prompsault. *Paris,* 1832,
in-8, v., filets.

53. Œuvres choisies de Malherbe, avec des notes. *Paris, Lefèvre,* 1825, 2 vol. gr. in-8, pap., vélin, portr., br.

54. Œuvres choisies de Parny. *Paris, Lefèvre,* 1827, 1 vol.
gr. in-8, portr., pap. vélin, br.

55. Fables de Lafontaine, ornées de 12 vignettes placées en
tête de chaque livre, dessinées par Percier, et gravées par
Girardet. *Paris, Didot,* 1802, 2 vol. gr. in-fol., pap. vélin,
cart. Bradel, n. rog.

56. Le Paradis perdu de Milton. traduction de Châteaubriand.
Paris, Amable Rigaud, 1855, gr. in-fol., illustré de belles
estampes, dans un carton.

Les gravures de cet exemplaire sont de premières
épreuves.

57. Le Roman de la Rose, édition de Méon. *Paris,* 1814, 4 vol.
in-8, pap. vél., cart., n. rog. plus l'extrait du Journal des
savants, complétant cet ouvrage, une l. aut. sig. de Méon,
et des notes autog. bibliographiques de Mercier Saint-
Léger. au 1ᵉʳ volume.

58. Credo, du sire de Joinville. *Paris, Didot,* 1837, in-8, pap.
de Hollande, br. — Le Mystère de saint Christophle. *Paris,* 1833, in-8, br. Publication de la Société des Bibliophiles français.

59. Mélanges de littérature tirés des lettres manuscrites de
chapelain. *Paris,* 1726, in-4, v. brun, notes manuscrites
et curieuses du Père Adry.

OUVRAGES DE G. PEIGNOT.

60. Dictionnaire raisonné de bibliologie, avec supplément,
1802-4, 3 vol. in-8, br.

61. Dictionnaire des livres condamnés au feu. *Paris*, 1806, 2 vol. in-8, br. *Rare.*

62. Petit Dictionnaire des locutions vicieuses. *Paris*, 1807, in-12, br.

63. Dictionnaire historique et bibliographique, *Paris*, 1822, 4 vol. in-8, br. — Précis chronologique du règne de Louis XVIII, en 1814, 1815 et 1816, *Paris et Dijon*, 1816, 1 vol. in-8, br.

64. Le Portrait du sage, extraits de Confucius, de Platon, etc. *Paris*, 1809, pet. in-8, vél. blanc.

65. Répertoire de bibliographies spéciales, curieuses et instructives. *Paris*, 1810, in-8, br. *Rare.* — 2 extraits du Mercure de France, par M. Beuchot, servant de complément à l'ouvrage ci-dessus.

66. Essai sur l'histoire du parchemin et du vélin. *Paris*, 1812. — Bibliothèque choisie des classiques latins. *Paris.* 1813. — Souvenirs de quelques bibliothèques des temps passés. 1836. Le tout en 1 vol. in-8, d.-rel. v.

67. Recherches sur les ouvrages de Voltaire. *Paris*, 1815, in-8, bas., filets.

68 Essai historique sur la lithographie. *Paris*, 1819, in-8, d.-rel., dos et coins maroq. (Capé).

69. Essai chronologique sur les hivers les plus rigoureux. *Paris*, 1821, in-8, cart.

70. Relation de deux missions de Dijon, de 1737 et 1824, in-12, br.

71. Histoire du charivari. *Paris*, 1833, in-8, mar. r., n. rog., tr. sup. dor. (Capé).

72. De Pierre Arétin, Notice sur sa fortune, sur les moyens qui la lui ont procurée, etc. *Paris*, 1836, in-8, br.

73. Souvenirs relatifs à Saint-Paul de Londres. *Paris*, 1836, in-8, br.

74. Prédicatoriana, *Dijon*, 1841, 1 vol. in-8, br.

75. Histoire de la fondation des hôpitaux du Saint-Esprit de Rome et de Dijon, représentée en 22 sujets, gravés d'après les miniatures d'un manuscrit de la bibliothèque de l'hôpital de la Charité de Dijon, etc. *Dijon*, 1838. — Siège de Dijon en 1513 (Nouveaux détails historiques sur le), sur le traité qui l'a terminé, et sur la tapisserie qui le représente. *Dijon*, 1837. — Notice sur un bas-relief re-

présentant les figures mystérieuses et symboliques, dont les quatre Evangélistes sont ordinairement accompagnés. *Dijon*, 1839. — Uladislas, duc de Cujavie, par Amanton, 1832. Le tout en 1 vol. in-4, d.-rel. maroq. vert à nerfs.

76. Catalogue d'une partie des livres composant la bibliothèque des ducs de Bourgogne au xve siècle. *Dijon*, 1841, in-8, d.-rel. v. Envoi aut. de l'auteur.

COLLECTION D'ANAS.

77. Ana ou Bigarrures calotines. *Paris*, 1732. — Menagiana. *Amsterdam*, 1694, 2 vol. — Naudœana et Patiniana. *Paris*, 1701. — Plagiairiana; 1735. — Le Choix de bons mots, 1709, 6 vol. in-12, rel. et br.

78. Anonimiana, 1700. — Fureteriana, 1708. — Maupeouana, 1773, 2 vol. en 1, fig. — Voltariana, 1749, 5 vol. in-12 et in-8, rel. v.

79. Chevrœana, 1700, 2 vol. — Parrhasiana. — Perroniana et Thuana, 1661. — Vasconiana, 1708. — Anoniminiana, 1700. — Ménagiana, 1694, 7 vol. in-12, rel.

80. Anonimiana. *Paris*, 1700, in-8, v. — Scaligeriana. — Perroniana. — Thuana, 1669-70, 2 vol· in-12, rel. v. — Plagiariana, 1734, in-8, br. — Huetiania, 1723, in-12, v. — Naudœana et Patiniana, 1701, in-8, cart., 6 vol. rel.

81. Perroniana et Thuana, *Cologne*, 1694, 1 vol. in-12, rel. v. — Prima Scaligerana. *Ultrajecti apud Elzevirium*, 1 vol. in-18, rel. vélin. — Montanasiana. *La Haye*, 1740, 2 t. en 1 vol. in-12, fig., rel. v., filets.

82. Causauboniana, 1610. — Sorberiana, 1695. — Scaligerana, 1695. — Vasconiana, 1710, 4 vol. in-12, rel. v.

83. Chevrœana, 1697, 1 vol. in-12. Exemplaire de Du Tilliot, avec une longue note autog. — Huetiana, 1723. — Martiniana, 1606. — Scaligeriana, 1666, 4 vol. in-12, rel. v.

84. Polissonniana ou Recueil de turlupinades, etc. *Amst.*, 1722, 1 vol. in-12, rel. v.

85. Panagiana Panurgica, 1751. — Manloveriana, 1762. — Prima Scaligerana, 1669. — Schvrzfleischiana, 1741. — Scribleriana, 1811. — Scaligerana, Perroniona et Thuana, 1669, 6 vol. in-8 et in-12, rel. et br.

86. Arlequiniana. *Paris*, 1694, 1 vol. in-12, fig., d.-rel. v., n. rog. — Thuana, 1669. in-12, cart. — Segraisiana.

Paris, 1722, 1 vol. in-12, rel. v. Exemplaire de La Monnaie, dont le titre est refait de sa main. — Remensiana, historiettes, légendes et traditions du pays de Reims. 1845, 1 vol. in-24 br.

87. Arnoldiana ou Sophie Arnould et ses contemporains, 1813. — Infernaliana, 1822. - Fantasmagoriana, 1812, 2 vol. Galanteriana, 1814, 2 vol. En tout 6 vol. in-12, fig., br.

88. Angotiana. — Ivrogniana. — Foiriana. — M..diana. — L'Esprit du bon vieux temps ou A bas les calembourgs, 5 vol. in-18, fig., br.

89. Biévriana. — Demoniana. — Encyclopédiana. — Frankliniana. — Henriana. — Linguetiana. — Malherbiana. Pradtiana. — Spectriana. — Touquetiana, 10 vol. in-18, port., br.

90. Comédiana. — Jolyana. — Molierana. Odryana et Potieriana, 4 vol. in-18, protr., br.

91. Beaumarchaisiana. — Dalembertiana. — Delilliana. — Diderotiana. — Fontainiana. — Genlisiana. — Malesherbiana. — Santoliana. — Staëlliana, 9 vol. in-18, figures, portr., br.

92. Châteaubriantiana. — Fontanesiana. — Merceriana. — Gregoireana. — Rousseana. — Grimmiana. — Frankliniana. — Rivaroliana. — Fontenelliana, 11 vol. in-18, port., br.

93. Proverbiana. — Anecdotiana. — Parisiana. — Gastronomiana. — Gascogniana. — Le Nouveau Gargantuiana. — Carnavaliana et Caremiana. — Calembourgs de l'abbé Geoffroy, le Petit Livre pour rire, 9 vol. in-18, br.

94. Christiana. — Henriciana. — Alexandrana. — Ludoviciana. — Frédéricana. — Napoleoniana. — Berryana, 7 vol. portr., br.

95. Asiniana. — Vadéana. — Gascogniana. — Pironiana. — Bossuana. — Badaudiana. — Normandiana. — Gastronomiania. — Sphinxiana. — Médiciniana. — Jurisprudentiana. — Mulierana. — Jocrissiana. — Friponniana. — et le Nouvel Angotiana, 15 vol. in-32, br.

96. Bonapartiana. — Brunetiana. — Biévriana. — M..diana, 1803. — Cricriana, 1883. — Pironiana. — Scarroniana. — Ludoviciana et Feminaeana, 8 vol. in-18, fig., d.-rel.

97. Catoniana, 1826. — Morisoniana. *London*, 1837, portr.

Polybiana, 1844. — Minuciana, par Péricaud, 1843. —
Aiguilloniana, 1777, 5 vol. in-8, br.

98. Gersoniana, par Jean Spencer Smith, *Caen* et *Paris*, 1845,
1 vol. in-4, fig. et *fac-simile*, 2 parties, br.

99. Sanctiniana ou Bons mots et réponses des saints, manuscrit, 1 vol. in-12, rel. v.

100. Imbecilliana ou Loisirs d'un chauffeur. *Valenciennes*,
an XII, 1 vol. in-12, br., tiré à 25 exempl.

101. Freroniana, ou Extraits de l'année littéraire de Fréron,
manuscrit aut. et iuédit de l'abbé Tuet, 89 p. in-4, cart.,
portrait ajouté.

102. Sultitiana ou Petite Biographie des fous de la ville de Va-
lencienne, par Hécart, 1823, gr. in-8, d.-rel. cuir de
Russie, n. rog., tiré à 20 exempl., plus une l. aut. sig. de
l'auteur.

103. Ana ou Choix de bons mots. *Amst.*, an VII, 10 vol. in-8,
rel. v., filets.

104. Notice sur le Manuel d'Epictète, suivi d'un Epictétana,
par Hécart. *Valenciennes*, 1826, 1 vol. in-18, br. Exemplaire avec de nombreuses additions aut. de l'auteur.

105. Anagrammiana, poëme en 8 chants à Anagrammatopolis,
l'an XIV, 1 vol. in-12, d.-rel., dos et coins v. f., n. rog.

106. Macaronéana ou Mélanges de littérature macaronique,
par Delepierre. *Paris*, 1852, 1 vol. in-8, br.

107. Bibliothèque des mélanges de littérature qui ont été don-
nés ou annoncés sous le nom *d'Ana. Paris*, 1803, manuscrit aut. du Père Adry, 1 vol. in-8 de 120 p., rel., vél.

108. Bibliographie des ouvrages publiés sous le nom *d'Ana*,
par P. Namur. *Bruxelles*, 1839, 1 vol. in-8, impr. sur
pap. vert, d.-rel. maroq.

109. Anagrapheana ou Bibliographie spéciale des livres en ana,
manuscrit inédit et aut. d'Hécart de Valenciennes, 1 vol.
in-4 de 320 p., d.-rel. v.

110. Le Livret des ana, par Ludewig. *Dresde*, 1837, rel. perc.,
tiré à 50 exempl. Envoi de l'auteur.

111. Œuvres de M. Scarron, nouvelle édition. *Amsterdam*,
chez *J. Wetstein*, 1752, 7 vol. in-12, d.-rel. mar., n. rog.
Bel exemplaire.

112. OEuvres de **J. Racine.** *Paris, Didot,* 1801. 3 vol. gr. in-fol. pap. vélin, ornées de 57 estampes avant la lettre, cart. Bradel, n. rog. Bel exempl.

113. OEuvres de Rabelais, édition variorum avec un nouveau Commentaire historique et philologique, par Esmangart et Éloi Johanneau. *Paris, Dalibon,* 1833, 9 vol. in-8, fig., cart. Bradel, n. rog.

114. OEuvres de **J.-B. Rousseau,** avec son histoire satyrique, par Gacon. *Paris,* 1716, 4 t. en 3 vol. in-8, v. fauve, fig. de **B. Picard,** et notes curieuses manuscrites sur les Épigrammes. Le 1er vol. fatigué.

115. OEuvres complètes de Voltaire, *de l'imprimerie de la Société littéraire typographique,* 1784, 70 vol. in-8, rel. v., racine, filets. Manque le 44e vol.

116. OEuvres complètes de **J.-J. Rousseau.** *Paris, Furne,* 1835, 4 vol. gr. in-8, fig., d.-rel. v.

117. OEuvres complètes de Bernardin de Saint-Pierre, nouvelle édition, revue par Aimé Martin. *Paris, Dupont,* 1826, 12 vol. in-8, br.

118. Carte nouvelle de la comté de Hollande, et de la seigneurie d'Utrecht, *chez Jean Couvens et Corneille Mortier,* collée sur toile, très-grand format.

119. Atlas américain septentrional. *Paris, Le Rouge,* 1778, 1 vol. gr. in-fol., d.-rel. bas.

120. Voyage de découvertes aux terres australes, par M. F. Péron, *Paris,* 1807, 2 vol. in-4, et atlas, cart., n. rog.

121. Voyage dans la Russie méridionale, par le chevalier Gamba. *Paris,* 1826, 2 vol. in-8, cartes, br.

122. Relation d'un séjour de plusieurs années à Beyrouth et dans le Liban, par Henri Guys. *Paris,* 1847, 2 vol. in-8, br.

123. De l'Etablissement des Français dans la régence d'Alger, par M. Genty de Bussy. *Paris,* 1839, 2 vol. in-8, br.

124. Satyre ménipée avec commentaire, par Ch. Nodier. *Paris, Delangle,* 1824, 2 vol. gr. in-8, pap. vélin, fig., br.

125. Histoire critique de l'Inquisition d'Espagne, par D.-J.-A. Llorente. *Paris,* 1818, 4 vol. in-8, portr., d.-rel. bas.

126. Histoire lamentable, contenant au vrai toutes les particularités les plus notables des cruautés, massacres, assassinats et dévastations, exercés par ceux de la religion ro-

maine contre ceux de la religion réformée, en l'an 1572,
de nouveau mise en lumière, par **P.-M. Gonon**, *Lyon*,
1848, 1 vol. in-18, portr. et médaille, br.

127. Histoire des expéditions d'Alexandre, par Flave Arrien,
traduction de P. Chaussard. *Paris*, 1802, 1 vol. in-4°,
cartes et figures, br.

128. Collection de Documents inédits sur l'Histoire de France,
34 vol. in-4° br. — Correspondance de Sourdis, 3 vol. —
Journal des États-Généraux sous le règne de Charles VIII,
1 vol. — Règlements sur les arts et métiers de Paris,
1 vol. — Chronique de Bertrand Duguesclin, 2 vol. —
Relations des ambassadeurs vénitiens, 2 vol. — Paris
sous Philippe le Bel, 1 vol. — Négociations et pièces di-
verses relatives au règne de François II, 1 vol. — Procès-
verbaux des séances du Conseil de Régence du roi
Charles VIII, 1 vol. — Chronique des Ducs de Normandie, I et II. — Cartulaire de l'abbaye de Saint-Bertin,
1 vol. — Lettres de rois, reines. t. I. — Archives admi-
nistratives de la ville de Rheims, t. I et II. — Archives
législatives de la ville de Rheims, t. I. — Papiers d'Etat
du cardinal de Granvelle, t. I et II. — Mémoires relatifs
à la succession d'Espagne, t. I, II, III et IV. — Cartulaire
de l'abbaye de Saint-Pierre de Chartres, 2 vol. — Chronique du religieux de Saint-Denis, t. I, II et III. — Chronique de Bertrand Duguesclin, t. I. — Documents inédits
tirés de la Bibliothèque royale, t. I. — Procès des Tem-
pliers, t. I. — Histoire de la Croisade contre les hérétiques
albigeois.

129. Journal de Henri III et de Henri IV, par P. de l'Estoile.
La Haye, 1741-44, 9 vol. in-8°, fig., v. marbré.

130. Mémoire pour servir à l'histoire d'Anne d'Autriche, par
Mad. de Motteville. *Amst.*, 1723, 5 vol. in-12, v. fatigué.
Le titre du premier vol. refait à la plume.

131. Mémoires de Mad. de Staël. — Olivier Cromwell, par
Philarèthe Chasles. *Paris*, 1843 et 1847, 2 vol. in-12 br.

132. Mémoires de Huet, évêque d'Avranches, traduits par
Ch. Nisard. *Paris*, 1853, in-8° br.

133. De l'Ibérie ou Essai critique sur l'origine des premières
populations de l'Espagne, par Graslin. *Paris*, 1838,
1 vol. in-8°, rel. bas.

134. Histoire de Malte, par M. Miège. *Paris, Paulin* 1841, 2 vol. in-8° br.

135. Histoire de Charles Edouard, dernier prince de la Maison de Stuart, par Amédée Pichot. *Paris*, 1833, 2 vol. in-8° br.

136. Histoire de la Conquête de l'Angleterre par les Normands, par Aug. Thierry. 1839, 3 vol. in-8° br. — Lettres sur l'Histoire de France, par le même. 1839, 1 vol. in-8° br.

137. La marine, par Pacini; illustrations de Morel-Fatio. *Paris, Curmer*, 1844, 1 vol. gr. in-4°, br.

138. Histoire civile, physique et morale de Paris, par Dulaure. *Paris*, 1825, 10 vol. in-12, atlas et figures, rel. bas.

139. Histoire de la Révolution française, par F.-A. Mignet. *Paris*, 1826, 2 vol. in-8°, pl. rel. v. filets.

140. Histoire impartiale des Révolutions de France depuis la mort de Louis XV, avec des tableaux, par Prudhomme. *Paris*, 1824, 12 vol. in-12 br.

141. Histoire de la Révolution française, par Albert Maurin. *Paris*, 1848, 5 vol. gr. in-8°, portraits, en livraisons, manque la 17ᵉ et la 19ᵉ double.

142. Histoire de la Révolution française, par Thiers, 2ᵉ édition. *Paris, Lecointe* 1828-29, 10 vol. in-8°, demi-rel. v. — A l'exemplaire de cette rare édition, publiée sans gravures, on a ajouté 300 portraits et gravures, 16 assignats et 100 autographes parmi lesquels on remarque : *Orléans Egalité, de Flesselles, Roland, Clavière, Lamourette, Fauchet, Malesherbes, Louis XVI, Chalier, Pache, Cambacérès, Custine (général), Fouché, Rossignol (général), Ronsin, Tallien, Lecointre, Barras, Augereau, Sérurier, Brune, Lefebvre, Murat, Bonaparte, Iᵉʳ consul, Bonaparte (Lucien), Bonaparte (Joseph), Merlin, Grégoire, Treilhard, Barère, Collot d'Herbois, Billaud Varenne*, toutes lettres signées, des pièces signées des comités de *salut public* et de *sûreté générale*, des autres *comités de la Convention*, des *ministres*, etc. Les illustrations donnent un grand intérêt à cet exemplaire.

143. Principaux événements pour et contre la Révolution, et prédiction de Danton au tribunal révolutionnaire, accom-

plic, par d'Aubigni. *Paris*, an III, in-8° de 129 pag. br.
Bel exemplaire.

144. Crimes des parlements. — Crimes et forfaits de la no-
blesse et du clergé; figure. — Le crime ou l'année 1789.
—Le long parlement et ses crimes.—Les crimes de Paris.
— Les crimes de l'ancien comité de salut public. — La
vie et la mort de tous les criminels. — Les crimes des
terroristes.—Les crimes du ministre Pitt, 1796.—Crimes
commis par les anglo-américains envers les Français,
an 8. — Les crimes de la monarchie et les vertus de la
République, etc. 13 pièces in-8° br. Réunion curieuse.

145. Recherches historiques et physiologiques sur la guillotine, par L. Dubois. *Paris*, 1843. — Réflexions sur le
supplice de la guillotine, par Sédillot, an IV, 26 pag. —
Que penser enfin du supplice de la guillotine, par Gastel-
lier, an IV, 20 pag. — Recherches physiologiques sur la
vitalité, par Sue, suivies de son opinion sur le supplice de
la guillotine. *Paris*, 1797, 76 pag. — Chanson nouvelle
sur la guillotine, éd. originale, 2 pages. — Le grand spé-
cifique de Guillotin, 1790, 22 pag. — Décret de la Convention relatif aux frais de transport de la guillotine.
1 pag. in-4°. — Réception d'un guilloté dans la république des morts. 15 pag. — Vous avez abattu la guillotine des têtes, abattez aussi la guillotine des fortunes.
4 pag. in-4°, 9 pièces br. Collection intéressante.

146. Dialogues (six) des morts de la Révolution entre *Lousta-
lot* et *Rogou, Marat* et *Vergniaud*; *Gustave,* roi de Suède,
et *Mirabeau; Custine fils* et *Basseville*, sur les prisons.
— *Linguet* et *Charlotte-Corday, Ph. d'Orléans, Philip-
peaux, Suleau* et mad. *Roland*, par l'auteur du Club infernal, an III, 112 pages in-8° br.

147. **La Jacobinéïde**, poëme héroï-comi-civique, orné de
12 gravures (par Marchand). *Paris*, 1792, 1 vol. in-8° br.

148. Jacobins (collection de pamphlets contre les), abjuration
des petites filles jacobites. — Le club infernal, 3 pamphlets. — Confession et testament des Jacobins à l'ago-
nie. — Les battus payent l'amende ou les Jacobins
jeannots, par Babeuf. — Les culs des jacobines visités
par le peuple.—Ce n'est pas le Pérou que les Jacobins.—
Chassez-moi les Jacobins, par Lucien Bonaparte. — Le

tripier national ou la défroque des Jacobins. — Fermez
vos boutiques, les Jacobins ouvrent les leurs. — Grande
adresse de la société des ânes. — Les Jacobins à l'eau. —
Je ne suis plus Jacobin, et je m'en f...—Oraison funèbre
des révérends frères jacobins. — La pelle au cul des
jacobins. — Tout coule, ou la Galimafrée nationale avec
figures. — Voyage des Jacobins dans les quatre parties du
monde, etc. 110 pièces in-8° br. Collection des plus curieuses, conversation parfaite.

149. Jacobins (société des), adresses, procès-verbaux et discours prononcés dans cette société. 85 pièces in-8° br.

150. Liste générale des individus condamnés par jugement ou
mis hors la loi par décrets, et dont les biens ont été dé-
clarés confisqués au profit de la République. *Paris*,
ans ii et iii, 7 cahiers formant un gros vol. in-8° br.

151. Dictionnaire des individus envoyés à la mort pendant la
révolution, par Prudhomme. *Paris*, an v. 2 vol. in-8, fig.,
d.-rel. bas.

152. Mémoires politiques et militaires du général Doppet, sur
la réunion de la Savoie à la France, sur la guerre dite du
Fédéralisme, sur la livraison de Toulon, en 1793, et le
siège de Lyon. *Carouge*, 1797, 1 vol. in-8, br.

153. Mémoires historiques et militaires sur Carnot, précédés
d'une notice par Tissot. *Paris, Baudouin frères*, 1824,
1 vol. in-8, d.-rel. maroq.

Exemplaire illustré de 10 portraits et gravures, et de
7 autographes : *Carnot, Billaut-Varennes, Collot-d'Herbois, Prieur, Beurnonville, Barras, Tissot.* Lettres et
pièces sig., etc.

154. OEuvres de Camille Desmoulins. *Paris, Ébrard*, 1838,
2 vol. in-8, portr. et *fac-simile,* br.

155. Chansonnier des amateurs, dédié aux amis de la république. *Paris*, an iii, 1 vol. in-18, fig., d.-rel. mar. *Rare.*

156. Catéchismes divers. — Du citoyen. — Militaire. — Sur
la constitution civile du clergé, par Molinier. — Républicain, par Poitevin, avec cette épigraphe : « L'Enfer vomit
les rois, la raison les détruit. » — De la Constitution. —
Français, par La Chabeaussière. — Patriotique. — A l'u-
sage de tous les citoyens. — Du genre humain, par Boissel.
— Révolutionnaire, français et allemand. — Qu'est-ce

qu'un roi? ou Nouveau Catéchisme des Français, pamphlet très-violent. 15 pièces in-8 et in-12, br.

157. Mémoire pour les exécuteurs des jugements criminels de toutes les villes du royaume, par Maton de la Varenne. *Paris*, 1790, in-4 de 24 p., br. — Plaidoyer prononcé (par le même), au tribunal de simple police de l'Hôtel-de-Ville de Paris, le 27 janv. 1790, pour Ch.-H. Sanson, exécuteur des jugements criminels de la ville de Paris, contre Prudhomme, Gorsas. Cam. Desmoulins et autres. *Paris*, 1790, in-4 de 28 pag. — Sentence rendue contre l'un des plus respectables citoyens de la capitale (Gorsas), en faveur de Ch.-H. Sanson, bourreau de Paris, suivie de la rétractation de cet honorable citoyen, *s. d.* (1790), in-8 de 8 pag. — La Démission du bourreau de Paris, in-8 de 8 pag. — Pétition à la Convention nationale, par les exécuteurs des jugements criminels des tribunaux de la République fr., in-4 de 8 pag.; enn tout 5 pièces. br. *Réunion intéressante et rare.*

158. Barailon (J.-F.), député de la Creuse à la Convention. Projet de Constitution, 1793. — La Battue générale des brigands et des fripons. — Projet sur le costume particulier à donner à chacun des conseils législatifs, an III, in-4. — Organisation et tableau des fêtes décadaires. — Opiopinions, rapports, motions, projets de décrets, etc. 18 pièces in-8 br.

159. Billaud-Varennes (J.-N.), célèbre membre de la Convention. Le peintre politique, 1789, in-8 de 100 pag. *Rare.* — Réponse de Billaud aux inculpations qui lui sont personnelles. — Réponse à Laurent Lecointre. — La Grande Colère du Lion Billaud-Varennes. — Plaidoyer de Billaud. — Billaud-Varennes, jugé par lui-même. — Rapports, discours et réflexions, 15 pièces, in-8, br., dont 3 dérel.

160. Buzot et Ducos, députés à la Convention. Buzot, 3 rapports; Ducos, rapports, discours, motifs; le Corsaire; le Sans-Culotte de Jemmape armé par le citoyen Albitte, au citoyen Ducos, etc., en tout 9 pièces, in-8, br.

161. Chaumette (P.-G.), procureur de la Commune de Paris, décapité avec Hébert, en 1793. Rapport, discours, compte-rendu de sa mission en Normandie. — Vérités incontestables, par Dunouy, appelant au peuple contre Chaumette

et consors, 22 pages. — Vie privée de P.-G. Chaumette, présentée aux sans-culottes, par Tissot, 8 pag., 9 pièces, in-8, br. *Collection rare.*

162. Cloots (J.-B.), député de l'Oise à la Convention. L'Orateur du genre humain, 1791, in-8, 177 pag., rog. — Appel au genre humain. — Étrennes de l'orateur du genre humain. — Adresse à Edmond Burke, in-8 de 52 p. rog. Harangue à la Convention. — Croisade civique, etc. 12 pièces in-8, br., et 2 rog.

163. Collot d'Herbois (J.-M.), député à la Convention. Le Bon Angevin, comédie en un acte, 1775. — Le Nouveau Nostradamus ou les Fêtes provençales, comédie en un acte, 1777. — Les portefeuilles, comédie et deux actes, 1791. — Le Procès de Socrate, comédie en trois actes, 1791. — L'Aîné et le Cadet, comédie en 2 actes, 1792. — Rapports, opinions, défense, etc., en tout 17 pièces in-8, br., 3 d.-rel.

164. Danican (Auguste), commandant les sections royalistes au 13 vendémiaire. Notice sur le 13 vendémiaire ou les Parisiens vengés, 1796, 112 pag. — Le Fléau des tyrans et des septembriseurs. *Lausanne*, 1797, 1 vol. in-8, fig. — Coup d'œil sur la journée du 13 vendémiaire. — Appel au peuple français, an VII. — Danican à Vial, procureur syndic de Maine-et-Loire, an II. — Réponse à Levasseur, de la Sarthe, in-4 de 6 pages, en tout 6 pièces, in-8, br.

165. Debry (Jean), député de l'Aisne à la Convention. Discours, rapports, motions, opinions, prononcés à la Convention et au Conseil des Cinq-Cents, 41 pièees in-8, br.

166. Ducos (Roger), député des Landes à la Convention. Rapports, opinions, comptes-rendus et réponses, 14 pièces, in-8, br.

167. Dufriche Valazé, député de l'Orne à la Convention. Sa défense imprimée d'après son manuscrit trouvé dans la fente du mur de son cachot. *Paris*, an III, in-8 de 80 pag. — Rapports et opinions, 5 pièces. in-8, br.

168. Fabre d'Églantine (Fr.-N.), député de Paris à la Convention. A ses concitoyens à la Convention, précis apologétique, in-4 de 22 p., br. — Rapports, opinions, discours, en tout 7 pièces, br.

169. Fouquier-Tinville, accusateur public au tribunal révolutionnaire. Mémoire sur son procès, in-4, 20 pag., br. —
— Réponse aux différents chefs d'accusation portés contre
lui, in-8 de 88 pag., br., et acte d'accusation, en tout
3 pièces, br. Beaux exemplaires.

170. Hébert (J.-Réné), journaliste et substitut du procureur
de la Commune de Paris, décapité en 1793.
Grand détail de la justice du peuple exercée à Versailles sur les aristocrates et contre-révolutionnaires prison-
niers d'Orléans, in-8 de 8 pag. — Grand détail de l'exécution de Montmorin, de la princesse de Lamballe, etc.,
in-8 de 8 pag. — Grande relation du siége et de la prise
du château des Tuileries, in-8 de 8 pag. — J.-R. Hébert,
substitut du procureur de la commune à ses concitoyens,
le 27 mai, l'an II. — Annonce de son arrestation et justi-
fication de sa conduite, placard in-fol. sur 2 col., pap.
jaune. *Rare.* — Rapport de Dumas, sur les conspirations
d'*Hébert, Ronsin, Vincent,* etc. — Procès d'Hébert, in-8
de 161 pag., br. — Jugement d'Hébert, Vincent et Ronsin, in-4 de 19 pag., etc. 10 pièces, br. Réunion curieuse.
Condition parfaite·

171. Hérault-Sechelles, député à la Convention, décapité avec
Danton. — Discours, lettre, projet d'adresse au peuple,
projet de constitution, rapport, voyage à Montbar et théorie de l'ambition. 9 in-8, br.

172. Lanjuinais (J.-D.), député d'Ile-et-Vilaine à la Convention. — Rapports, opinions, discours, lettres, adresse,
études biographiques et littéraires, etc. 24 pièces
in-8, br.

173. Marat (J.-P.), député à la Convention, assassiné par
Charlotte Corday. — Appel à la nation. — Vie privée et
ministérielle de Necker. 2 parties. — Dénonciation contre
Necker, 1790. 2 parties. — C'en est fait de nous. —
Discours sur la défense de Louis XVI. — L'affreux ré-
veil. — Acte d'accusation. — Appel nominal. — Oraison
funèbre. — Grande dispute au Panthéon entre Marat et
J. J. Rousseau. 12 pièces in-8, br. et d.-rel.

174. Marie-Antoinette, reine des Français, décapitée en 1793.
— Essai historique sur sa vie, à Versailles, chez la Mon-

tansier, 1790. 2 parties in-8, br. — Semonce à la reine.
In-8, pag. Pamphlet très-violent. — Les fantoccini français
ou les grands comédiens de Marly, intermède; curieuse
pièce dans laquelle la reine est en scène. — Liste civile,
suivie des noms et qualités de ceux qui la composent et
la punition due à leurs crimes, et la liste des affidés de la
ci-devant reine. In-8 de 24 pag., br. *Rare.* — Le martyre
de Marie-Antoinette, tragédie. 1793. Port. — La mort
de Marie-Antoinette, tragédie. 1797, in-18. Port. — La
communion de la reine, par Flayol. 1825. — Correspondance de la reine avec d'illustres personnages. 1790,
in-18. Port. — Fac-similé des testaments de Louis XVI
et de Marie-Antoinette, accompagné d'une notice in-4.
— Marie-Antoinette à la Conciergerie. *Paris, Baudouin
frères*, 1824, in-12, fig., papier vél., br. — Louis XVI et
et Antoinette traités comme ils le méritent, pamphlet. —
Véritable lettre de Marie-Antoinette. — Les Poissardes à
la reine. — Les élans du cœur ou justice rendue à la
reine, etc. 22 pièces br. Collection curieuse.

175. Reynaud, député de la Haute-Loire à la Convention. —
Opinions. — Motions. — Observations. — Dénonciation.
— Comptes rendus. — A ses commettants. — Exposé des
raisons qui ont nécessité son exclusion du sein de la société
populaire du Puy, 43 p. 11 pièces in-8, br.

176. Robespierre (Maximilien), conventionnel. — Discours
couronné par la société des arts de Metz, 1785. — Rapports. — Discours. — Déclaration des droits de l'homme.
— Adresse. — Opinion. — Lettre à M. de Beaumetz. —
Conjuration contre Robespisrre, par Lecointre. — Lettre
de l'abbé Maury à Robespierre. — Accusation contre
Robespierre, par Louvet. — Rapport sur le 9 thermidor,
par Courtois, 220 pages. — Ma Catilinaire, par le même.
— Histoire de la conjuration de Robespierre, par Mont-
joie, 220 pages. — Capet et Robespierre. — Portrait de
Robespierre, par Merlin de Thionville. — Pièces trouvées
dans les papiers de Robespierre. — L'ombre de Robespierre aux Français. — La queue de Robespierre et autres
écrits sur le même sujet. — Portrait de Robespierre avec
la réception de Fouquier-Tainville aux enfers, par Cam.
Desmoulins et Danton. *Rare.* — L'intrigue dévoilée ou

Robespierre vengé, 1792. — Le 9 thermidor ou la mort de Robespierre, drame historique par H. Bonnias, 1831, etc. 48 pièces in-8, br. Collection intéressante.

177. Saint-Just (L. L. de), conventionnel. — Essai de constitution, 1793, avec la réimpression de 1834. — Fragment sur les institutions républicaines. 88 pages. — Discours, rapports, opinions, adresse de la communauté de Blérancourt, 1790, relative à Saint-Just. — Tyrannie exercée à Strasbourg, par Saint-Just et Lebas. 19 pièces in-8, br.

178. Théos (Catherine), se disant la mère de Dieu. — Grande conversation avec ses complices. — Relation exacte de tout ce qui s'est passé dans les assemblées fanatiques présidées par elle. — Son testament moral et politique. — Rapport de Vadier sur Cath. Théos et sa secte. 4 pièces in-8, br. *Réunion rare.*

179. Theroigne de Mirecourt. — Discours prononcé à la société fraternelle des minimes, le 25 mars 1792, in-8, 8 pag. — Aux 48 sections, placeard in-f° sur 3 colonnes. *Très-rare.* — Précis historique sur sa vie, 1790. In-8 de 16 pag.

180. Vergniaud, député à la Convention, décapité, en 1793. — Rapports, opinions, discours, projet d'adresse, articles proposés. — Vergniaud à Barère et à Robert Lindet. — Réponse aux calomnies de Robespierre. — Réponse de Math. Dumas aux discours de Vergniuud, 1792. — Rapport au corps législatif sur les dettes de Vergniaud. 3 pag. in-4. En tout 14 pièces in-8, br.

181. Vincent (Fr.-N.), secrétaire général du département de la guerre, décapité avec Hébert. — Vincent à l'assemblée électorale du département de Paris et à tous ses concitoyens; maison d'arrêt du Luxembourg, 28 frimaire an 2. Placard double in-f°. — Vincent à Vadier; maison d'arrêt du Luxembourg, 6 pluviose an 2. Placard in-f° à 2 colonnes. — Vincent au cit. Amar; maison d'arrêt du Luxembourg, 4 nivose an 2. Placard in-f°, 2 colonnes. — Vincent, note envoyée au citoyen Amar : Voici comment j'ai vécu et quelle est ma fortune, 4e jour de nivose an 2. Placard in-f° à 2 colonnes. Notice sur sa vie. — Théodore Gerard à Vincent. Placard in-f°. — Adresse du club électoral au peuple en faveur de Vincent et Ronsin, frimaire

an 2. Placard in-f^c à 2 colonnes. — Jugement complet de Vincent, Hébert et Ronsin, 7 numéros in-4. Édition du tribunal révolutionnaire, etc. 9 pièces d'une conservation parfaite. *Collection de toute rareté.*

182. Histoire de Napoléon, par M. de Norvins. *Paris, Dupont,* 1828, 4 vol. in-8, dem.-rel. v. à nerfs, dorure à encadrement, non rog. — Exemplaire illustré de 151 portraits et gravures, et de 48 autographes, parmi lesquels on remarque des lettres signées de *Napoléon, Bernadotte, Jourdan, Davout, Lefebvre, Moncey, Soult, Grouchy, Murat, Oudinot, Elisa Leclerc, Fouché, Eugène Beauharnais, Lauriston,* L.a.s, *Clarke* L.a.s, des ministres, généraux, etc.

183. Histoire de Napoléon et de la grande armée pendant l'année 1812, par le comte de Ségur. *Paris, Baudouin,* 1826. 2 vol. in-8, jolie demi-rel. en veau à nerfs, non rog. — Exemplaire illustré de 34 portraits et gravures et de 12 autographes : *Ségur,* L.a.s, *Mortier, Ney, Murat, Macdonald,* Lettres sign. *Borelli, Partouneaux Delaborde, Baraguey-d'Hilliers, Gudin.* Lettres a.s., etc.

184. Histoire politique et militaire du prince Eugène Napoléon, vice-roi d'Italie, par le général de Vaudoncourt. *Paris, Mongie,* 1828, 2 vol. in-8, plans et figures, dos et coins en veau, à nerfs, non rog. — Ce bel exemplaire est illustré de 22 portraits et gravures étrangères à l'édition, et de 10 autographes : Eugène, Joséphine, Jourdan, Ney, Davout, Murat, Elisa, Vandamme. Lettres sig. Vaudoncourt, L.a.s, etc.

185. Mémoires sur l'impératrice Joséphine, ses contemporains, la cour de Navarre et de la Malmaison. *Paris, Ladvocat,* 1829, 3 vol. in-8, v. vert, dos et coins, à nerfs, non rog. — Exemplaire illustré de 67 portraits et de 37 autographes, parmi lesquels on remarque des lettres signées de *Joséphine, Napoléon, Eugène Beauharnais, Isabey,* L.a.s, *Leclerc, général Davout, de Laval, Lehoc,* L. a. s, *Guillotin, Monaco,* L.a.s, quatrain a.s. de *Mollevault* sur *Joséphine, Fouché, frère,* valet de chambre de Joséphine. L. a. s, etc.

186. Mémoires du général Rapp. *Paris, Bossange,* 1823, 1 vol. in-8, dem.-rel. veau, à nerfs, non rog. — Exemplaire illustré de 24 portraits et gravures et de 6 autographes;

Rapp. L.a.s. — *Ney, Davout, Berthier.* Lettres sig. *Belliard* L.a.s, etc.

187. Livre noir de MM. Delavau et Franchet, ou répertoire alphabétique de la police politique sous le ministère Déplorable, par M. Année. *Paris*, 1829, 4 vol. in-8, br.

188. Histoire de dix ans, 1830-1840, par Louis Blanc. *Paris, Pagnerre*, 1844, 5 vol. in-8, dem.-rel. v.

189. Statistique de la France, départements de la Moselle, les Deux-Sèvres, l'Indre et le Doubs. 2 vol. in-f°, dem.-rel. bas.

190. Antiquités égyptiennes dans le département du Morbihan, par de Penhouet. *Vannes*, 1812, 1 vol. in-f° orné de 7 figures, br. — Description et explication d'un ancien édifice, nommé le temple de Lanleff, département des Côtes-du-Nord, par de Penhouet. 1824, in-4, fig., br.

191. Explication d'une inscription antique trouvée depuis peu à Lyon, où sont décrites les particularités des sacrifices que les anciens appelaient *Tauroboles* (par Gros de Boze). *Paris*, 1705, in-8, fig., non rog.

192. Dissertation sur l'inscription du grand portail du couvent des Cordeliers de Rheims, par Thiers, manuscrit aut. 1653.

193. Voyage à Montbar, contenant des détails très-intéressants sur le caractère, la personne et les écrits de Buffon, par Hérault de Séchelles. *Paris*, an ix, 1 vol. in-8, br. — Théorie de l'ambition, par le même. *Paris*, 1802, in-8, br., de 102 pages.

194. Précis de l'histoire de la ville de Gap, par Gautier. *Gap*, 1844, 1 vol. in-8, br.

195. Histoire pittoresque du mont Saint-Michel et de Tombelène, par Max. Raoul, ornée de 14 gravures à l'eau-forte. *Paris*, 1833, 1 vol. in-8, br.

196. L'estat de l'église du Périgord, par le P. Dupuy, recolet, annoté par l'abbé Audierne, et reproduit par le procédé litho-typographique Dupont. *Périgueux*, 1841, 2 vol. in-4, br.

197. Fastes de la Provence ancienne et moderne, par Souque. *Marseille*, 1838, 3 vol. grand in-8, fig., br.

198. Album historique du Limousin, dessins et illustrations

par J.-B. Tripon, texte par M. Louis Ayma. *Limoges,*
s. *d.*, 1 vol. in-8, cart. Bradel.

199. Histoire des prisons de Paris et des départements, par
J.-B. Nougaret. *Paris,* 1797, 4 vol. in-12, figures,
d.-rel. v.

200. Tableau des prisons de Blois, édition augmentée de plusieurs anecdotes et des noms des principaux terroristes du
département de Loir-et-Cher, *Blois,* an III, in-8 de 97 p.
br. Bel exemplaire.

201. Lyon en 1793. Procès-verbaux authentiques et inédits
du Comité de surveillance de la section des droits de
l'homme pendant le siége. *Lyon,* 1847, 1 vol. in-8, orné
de 10 planches ou gravures, br. Ouvrage curieux.

202. Bibliographie historique de la ville de Lyon pendant la
Révolution française, contenant la nomenclature par ordre chronologique des ouvrages publiés en France ou à
l'étranger, et relatifs à l'histoire de cette ville, de 1789 au
11 nivôse an XIV. *Lyon et Paris,* 1846, 1 gros vol. gr.
in-8, pap. fort, carte, d.-rel. bas.

202 bis. Le même ouvrage broché.

203. Mélanges de littérature et de critique, par Ancillon.
Basle, 1698, 3 vol. in-12, rel. bas. — Auteurs déguisés
sous des noms étrangers, par A. Baillet. *Paris,* 1690,
1 vol. in-12, rel. v.

204. La Bibliothèque françoise de M. C. Sorel. *Paris,* 1667,
1 vol. in-12, d.-rel., v. fauv. à nerfs.

205. Bibliothèque sacrée, grecque, latine, par Ch. Nodier.
Paris, 1026, 1 vol. in-8, pap. vél. br.

206. Mémoires bibliographiques et littéraires par Delandine.
Lyon, s. *d.*, 1 vol. in-8, br. — OEuvres de Los Rios, li-
braire de Lyon. *Londres,* 1789, 1 vol. in-18, rel. bas. —
Manuel du libraire, par un libraire. *Paris,* 1829, 1 vol.
in-18 br. — Petit dictionnaire des locutions vicieuses.
Paris, 1807, 1 vol. in-12 br.

207. Sistème général de bibliographie alfabétique, appliqué au
tableau encyclopédique des connaissances humaines, et en
particulier à la phitologie (*sic*). *Paris,* 1819, 1 vol. in-12,
rel. v. filets.

208. Nouveau recueil d'onvrages anonymes et pseudonymes,
par M. de Manne. *Paris,* 1834, 1 vol. in-8 br.

209. Mélanges tirés d'une petite bibliothèque, ou Variétés littéraires et philosophiques, par Ch. Nodier. *Paris*, 1829,
1 vol. in-8 br.

210. Notice sur les imprimeurs de la famille des Elzevirs.
Paris, 1806, in-8 de 60 p. br. — Recherches historiques
sur les Elzevier, par de Reume. *Bruxelles*, 1847, 1 vol.
gr. in-8 br.

211. Les Portraits des hommes illustres qui sont peints dans
la galerie du Palais-Cardinal. *Paris*, 1668, in-12, mar.
rouge, filets, tr. dor. — Les hommes illustres qui ont paru
en France pendant ce siècle, par Perrault. *Paris*, 1698,
1 vol. in-12, rel. v.

212. Eloges de Bayart, par MM. Gautier, Gagnon fils, et Do-
chier, présentés au concours dans la séance publique de la
Société littéraire de Grenoble, le 5 février 1789, 1 vol.
in-8 br.

213. La Vie de Maistre Charles du Molin, avocat, par Julien
Brodeau. *Paris*, 1654, 1 vol. in-4, port., rel., vélin.

214. Vie de saint Hugues, évêque de Grenoble, par Albert du
Boys. *Grenoble*, 1837, 1 vol. in-8 br.

215. Notice bibliographique sur Montaigne, par Payen. *Paris*,
1835, in-8 cart., avec envoi aut. sig. à Peignot. — Bibliographie voltairienne, par Quérard. 1 vol. gr. in-8 br. —
Charlotte Corday, tragédie par Ponsard. *Paris*, 1850, gr.
in-8, pap. fort, br., portr. ancien de Charlotte Corday
ajouté.

216. Biographie des artistes dramatiques, par nos meilleurs
auteurs contemporains. *Paris*, 1848, 1 vol. in-4 br.

---

217. Tableau du siècle (par Nolivos de Saint-Cyr). *Genève*,
1759, 1 vol. in-12, rel. *rare*.

218. Justi Lipsi de Cruce. *Antuerpia*, 1695, 1 vol. in-8, fig.
rel., vélin.

219. Le Tombeau de Jacques Molai, ou le Secret des conspi-
rateurs. *Paris*, an IV, in-8 de 31 p. br.

220. Le chef-d'œuvre d'un inconnu, par Themiseul de Saint-
Hyacinthe. *Lauzanne*, 1754, 2 vol. in-12, fig., rel. v.
filets.

221. Faits, calculs et observations sur la dépense d'une des grandes administrations de l'Etat, depuis le règne de Louis XIV jusqu'en 1825, par le comte d'Hauterive. *Paris*, 1828, in-8 br.

222. Essai historique et critique sur les monnaies d'argent de la ligue achéenne, par Cousinéry, 1825. 1 vol. in-4 br.

223. Catalogue des poinçons, coins et médailles du musée monétaire. *Paris*, 1833, in-8 br.

224. Mémoire à consulter et consultation pour François Thomas et Charles Ferey, exécuteurs des arrêts, jugements et sentences criminelles de Rouen, tant pour eux que pour leurs familles. *Saint-Lô*, 1781, in-4 de 44 p. br.

225. Niles' weekly Register. *Baltimore*, 1816-1824, 29 vol. gr. in-8, d. rel. bas.

MAULDE et RENOU, Imprimeurs de la Compagnie des Commissaires-Priseurs
rue de Rivoli 144